데몬슬레이어가 그린 마법진으로 신전에 도착한 메이플 친구들은
각기 다른 곳으로 떨어져 뿔뿔이 흩어지고, 델리코와 숙희는 마법 쉴드 너머에 잠들어
있던 전설의 신룡 〈아프리엔〉을 발견하지만 깨어난 아프리엔은 숙희를 잡아먹는다.
〈에우렐〉로 간 메르세데스는 황폐해진 마을에 대한 책임으로 수면침을 심장에 찌르고,
아카이럼이 파놓은 함정에 빠져 마성을 회복한 데몬슬레이어는 예전 모습으로 돌아가
도도를 위협한다. 한편 혼테일로 변신한 아카이럼은 주카에게서 뿔을 빼앗으려 하고,
핑크빈은 아루루에게 언데드의 저주를 풀어 주는 대신 슈미를 괴롭히라고 명령하는데…!

1판 1쇄 인쇄 2012년 2월 11일 | **1판 1쇄 발행** 2012년 2월 20일 | **글** 동암 송도수 | **그림** 서정은 | **발행인** 유승삼 | **편집인** 이광표 | **편집팀장** 최원영 | **편집** 이은정, 방유진, 배선임, 이희진, 박수정, 박주현, 오혜환 | **표지 및 본문 디자인** 최한나, design86 | **마케팅 담당** 홍성현 | **제작 담당** 이수행, 김석성 | **발행처** 서울문화사 | **등록일** 1988. 2. 16. | **등록번호** 제2-484 | **주소** 140-737 서울특별시 용산구 한강로 2가 2-35 | **전화** 791-0754(판매) 799-9171(편집) | **팩스** 749-4079(판매) 799-9334(편집) | **출력** 지에스테크 | **인쇄처** 서울교육 | **ISBN** 978-89-532-9437-0(세트) 978-89-263-9191-4

캐릭터 소개

바우
언제나 간식 생각뿐이지만 친구와 함께하기 위해서 자신의 신통력을 발휘하는 순수한 소녀.

도도
<시간의 신전>에 점령당한 메이플월드를 구하기 위해 데몬슬레이어와 힘을 합한 용감한 소년.

아루루
친구를 생각하는 마음이 깊었지만 핑크빈의 계략으로 감정이 봉인되어 오히려 친구들을 위협하는 최강의 파이터.

델리키
스승인 가짜 세계수의 부활과 석화마법에 걸린 아버지를 구하려고 메르세데스와 함께하게 된 마법사.

델리코
드래곤 숙희를 키우며 장래 희망 드래곤 마스터에 다가선 후 전설의 신룡인 아프리엔을 발견한 델리키의 동생.

카이린
아버지 테스토넨의 기억 덕분에 신전에서 받은 감정 봉인수술이 풀린 영혼철을 다루는 건 파이터.

주카
엇갈리는 사랑과 운명 사이에서 괴로워하지만 어떠한 상황에도 용기를 잃지 않는 와일드카고 족의 공주.

슈미
지혜의 눈이 되살아났지만 심각한 부상을 입고 만, 친구들을 사랑하는 따뜻한 마음을 지닌 세계수의 딸.

차례

안 돼,
메르세데스!!

괘씸한–!!
신성한 땅 에우렐을 범한
너희에게도 *합당한 벌을
내릴 것이니….

깜짝

타앗

델리키!

크악

용서 못 해!

숨찔

 합당하다 : 어떤 기준, 조건, 도리 같은 것에 들어맞다.
악한 사람이라면 검은 마법사님 편에 서는 것이 **합당하다**. 찬성하는 자는 모두 외쳐라!
스스슥–. 말을 해! 말을! (난 뱀인데…. ^^;)

송맛사

*5

캐릭터 PLUS 데몬슬레이어 과거 검은 마법사의 군단장들 중 한 명이었으나 가족을 잃은 뒤 메이플 친구들과 힘을 합쳐 검은 마법사를 물리치려는 마족.

저건 마법으로
조종되는 인형이야!

*7

그런데 그것도 모르고 저런 거짓말에 속아 이렇게 되다니…!

맙소사…!!

멍청이들아, 이제야 알았냐?

넌 누구지?

나? 인형사 프란시스 님이시지~!

 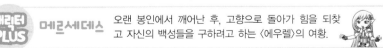 캐릭터 PLUS 메르세데스 오랜 봉인에서 깨어난 후, 고향으로 돌아가 힘을 되찾고 자신의 백성들을 구하려고 하는 〈에우렐〉의 여황.

나로 말할 것 같으면~
시대를 앞서가는 *광기의 천재!
고독한 멸망의 아티스트라고나 할까?!
캐캐캐캐~!!

*광기 : 미친 듯이 날뛰는 기운.

그러니까 한마디로
못말리는 중병 환자란
얘기네~.

너 모처럼
*요약 잘했다.

감히 나를 모욕하다니….
복수할 테다! 복수!
복수! 복수! 복수! 복수!

요약 : 말이나 글에서 큰 줄거리만 골라 간추리는 것.
위대한 지도자 검은 마법사님을 한마디로 요약하면 뭐라고 할 수 있을까?
깜깜?

*9

어때, 이제 내 실력을
확실히 알겠지?

자, 셋 중 하나는
진짜랍니다~!
골라, 골라, 골라!

 ＊11

나는 이제 임무를 마치고 돌아가노라!

블랙윙 만세!
나의 여신 오르카 군단장님
만만세─!!

으, 저걸…!

그냥 놔 둬, 어차피
인형일 뿐인데 뭐….

빙~고!

대단한 마법력이야!

장난스런 겉모습과는 완전 달라!

그러게 말야. 나만큼 하네~.

근데 블랙윙이 뭘까?

너희에게 부끄럽구나! 인형사 하나에게 휘둘려 엘프의 성지가 초토화되고 여황폐하마저 수면침을 심장에….

*희미하지만 심장이 뛰어!

정말?

하지만 곧 멎을 게다. 그리고 영원한 잠 속으로 빠져드시겠지.

안 돼요!! 살려야 해요! 황궁 금고를 찾으려면 메르세데스가 꼭 있어야 한다고요!

저기, 심장이 완전히 멎기 전에 응급조치부터 하는 게 어때?

맞아! 심장 전기 충격…!!

송맛사 희미하다 : 소리, 모습 등이 뚜렷하지 않고 흐리다.
아루루, 이제 친구들 얼굴이 생각나니? 응. 그런데 아직 도도 얼굴이 희미해. 특히 눈 부위가…. 그건 도도 눈이 작아서 그런 거니까 괜찮아.

그래, 효과가 있을지도….

알았어요! 라이트닝 볼트를….

마법으로 내는 전기효과는 소용없다. 생체 신호와 똑같은 진짜 전기여야만 해!

그럼 안 되겠네. 지금 당장 생체 신호랑 똑같은 전기를 어떻게 구해요….

스승님, 제게 〈자이언트 우드의 반지〉를 빌려 주세요!

이, 이건 왜…?

삐질 삐질

메르세데스를 살릴 방법이 생각났는데, 제 마법력으론 *역부족이에요. 반지의 힘을 빌리면 될 것 같아서요.

*역부족 : 힘, 능력, 기술 들이 턱없이 모자라는 것.

끙~

어떡하지…? 이건 정체가 탄로났을 때 델리키에게서 날 지켜 줄 유일한 무기인데….

만지작 만지작

메르세데스가 이대로 잠에 빠지면 아버지를 살릴 희망이 없어져요! 부탁드립니다, 스승님!

쳇, 라케니스가 반지를 줄 리 없지. 거짓말의 *달인이 이번엔 또 어떤 핑계를 댈지 궁금하네.

쿵

꽉

달인 : 어떤 일을 뛰어나게 잘하는 사람.
바우와 메르세데스 중에 활의 달인은 누구일까? 당연히 저죠. 저는 활을 쏘지 않고도 등 뒤의 적을 공격할 수 있어요. 그건 방귀의 달인이다.

스승님…!

이 반지는
내게 최적화되어 있다.
네가 쓰기 위해선…

알고 있습니다.
초기화 해야 한단
말씀이시죠?

라케니스,
너답지 않게
왜 그래?

나도 몰라….
그냥 그러고 싶어졌어.
내가 델리키한테 주는
마지막 선물이라는
생각이 들어서.

얘가 왜 이러지?
사람이 갑자기
변하면 안 좋은 일
생긴다던데….

캐릭터 PLUS

바로크

안경토끼와 콤비로 다니는 블랙윙의 간부로서 기사단장
듀나미스인 척 사람들을 속이고 있는 블랙윙의 변신술사.

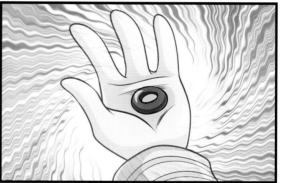

오빠, 대체 무슨 방법이길래 오빠 마법력으로도 부족하단 거야?

뚱스턴…, 내 동생 말이야.

델리코?

걔는 아버지가 석화되신 걸 몰라. 그러니까 나중에 만나거든 놀라지 않게 잘….

그걸 왜 나한테 말해? 오빠가 만나서 직접 말하면 되잖아!

그래, 내가 할 거야. 하지만 혹시 내가 걔를 못 만나면….

지금 무슨 소리 하는 거야? 왜 못 만나?

 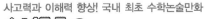 사고력과 이해력 향상! 국내 최초 수학논술만화 26 + 책 속 워크북

스승님,
다녀오겠습니다.

그, 그래….

동심

휘이익

코메짱

도도, 바우 등 8명의 친구들이 사랑과 우정으로 어려움을 이겨나가는 것처럼
나에게도 항상 함께하는 친구가 있었으면 좋겠어요.
(이진우 | 부산광역시 북구 화명3동)

*21

하늘이 참 맑다.

 캐릭터 PLUS 안경토끼 사람의 속마음을 읽어내어 바로크에게 알려주며 때로는 강력한 뇌파로 상대를 해치우는, 바로크의 콤비.

저 녀석 설마…!

왜요?

마법으로 *뇌운을 모아 벼락을 일으키려는 것 아니야?

벼락의 전기력으로 심장에 충격을…!!

*뇌운 : 번개, 천둥 따위를 몰고 오는 구름.

에이, 그건 말도 안 돼요.

벼락의 전기력은 조절이나 통제가 안 되잖아요. 그걸 심장에 맞았다간….

심장이 터져 버리겠지. 맞아, 그건 말이 안 돼.

그럼 도대체 무슨 생각이냔 말이야….

뇌운집!

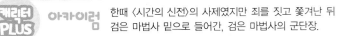

캐릭터
PLUS 아카이럼 한때 <시간의 신전>의 사제였지만 죄를 짓고 쫓겨난 뒤
검은 마법사 밑으로 들어간, 검은 마법사의 군단장.

벼락의 전기력은
조절이나 통제가 안 돼.
그렇다면 방법은 오직 하나….
일단 내 몸에 벼락을 끌어들여
충격을 흡수한 다음, 그 일부를…

메르세데스의 심장에
흘려보내는 거야!

이 아이를 살리려면
그 방법밖에
없어…

하지만 나는….

*25

느낌이 온다!

메르세데스,
부디…

살아나다오!

싸아아

휘릭

어…, 어떻게 된 거지?

수면침을
심장에 꽂은 것까진
기억나는데….

휘이이

델리키!

어, 어떻게 된 거예요?

설마 진짜 자기 몸으로
벼락을….

안… 아… 안돼,
오빠!

고마워, 친구.
네 생명력은 한숨도
남김없이 내게
*흡수되어 소중한
〈데몬포스〉로
바뀔 거야.

이제 넌
빈껍데기의 몸만
남는 거지!

 흡수 : 빨아서 거두어들임.
흰옷에 흡수된 잉크는 잘 지워지지 않듯, 한번 착한 마음을 먹으면 다시
사악해지기 힘들다. 악당들이여, 조심하라!

"자~ 〈코믹 메이플스토리〉다."라는 말에 "우리 엄마, 최고, 짱! 고맙습니다!"라고 말하는 아이들. 〈코메〉로 인해 저는 세상에서 가장 훌륭한 엄마가 됩니다. 자녀와의 의사소통에 도움이 되는 신기한 책. (이경연 어린이 어머니 | 경상남도 밀양시 교동)

덤벼라, 데몬슬레이어!
네가 마족이면 나도
늑대 기운을 지닌
마족이다!

됐다, 가자.

가긴 어딜 가?!
당장 승부를 내!

여긴 마족이
아니면 기운을
못 쓰는 공간이라고
내가 말했지?

그래서 네 몸속 늑대인간의 기운을 끌어내려고 내가 *쇼를 한 거다. 네가 그 기운을 네 맘대로 숨기고 끌어낼 수 있게 도와준 거란 말이야!

아쭈, 질 것 같으니까 이제 거짓말을 해?!

*쇼 : 일부러 꾸미는 일을 비유적으로 이르는 말.

입 다물고 따라오기나 해! 곧 아카이럼의 제단이야.

시작해, 어서!

소중한 네 친구에게
주먹 맛을
보여주라고~!!

잠깐…!

갑자기 너무 졸리네….

내가 일어날 때까지 대기해….

난 5분 후에….

크리스마스 선물로 〈코믹 메이플스토리〉 49권을 받았어요! 산타 할아버지 대신 울 엄마가 주셨답니다. 선물 주신 우리 엄마 너무 예~에~뻐!
(우채원 | 경상북도 구미시 상모동)

〈지혜의 눈〉의 힘으로
내가 재웠어.

깜짝

고통 속에서도
힘을 쓰지 않고 아껴뒀던 건
지금 이 순간을 위해서야.
너와 얘길 나누고 싶었거든.

그래 봤자 달라질 건 없어.
핑크빈은 곧 깨어날 거고,
나는 그의 명령을 따를
거니까. 내가 살 길은
그것뿐이야…

아니, 핑크빈은 절대
널 풀어 주지 않아.
네가 살 길은 나와 힘을 합쳐
그 녀석과 싸우는 것뿐이야.

하하하

슈미 너 철 좀 든 줄 알았더니 *여전하구나. 우리 힘으로 핑크빈의 새끼발톱 하나나 건드릴 수 있을 것 같아?

알아, 하지만 고향으로 돌려보낼 순 있지!

뭐?

핑크빈이 영체에너지인 건 다른 차원에서 온 존재이기 때문이야. 보통의 육체는 차원의 벽을 넘을 수 없으니까. 나는 〈지혜의 눈〉을 통해 그가 속한 세상을 알아냈어.

실제로 핑크빈은 자신의 세계에서 깊은 잠에 빠져 꿈을 꾸고 있는 거야!

여전하다 : 전과 다르지 않다.
아카이럼, 예나 지금이나 **여전하군**. 특히 웃을 때 풍기는….
카리스마? 아니, 입 냄새….

그럼 꿈속에서 영체에너지를 *분리시켜 차원을 넘어왔단 말이야?

바로 그거야. 물론 자기 힘으로 그랬던 건 아니고, 누군가 녀석 앞에 토끼구멍을 뚫어 준 것 같아.

*분리 : 따로 나누는 것.

토끼구멍?

앰?

래빗 홀(Rabbit Hall)… 〈이상한 나라의 앨리스〉 알지? 앨리스를 다른 차원의 세상으로 안내한 토끼구멍말이야.

동화에서 유래한 표현이란 거군. 차원을 넘나드는 게이트… 토끼구멍!

맞아, 하지만 그 실체는 전혀 동화적이지 않아. 상상할 수 없이 엄청난 마법력이 차원의 경계를 비틀어 뚫어 놓은 구멍이니까. 우주의 법칙을 거스르면서까지….

핑크빈이 그렇게 대단한 존재인가? 그렇게 하면서까지 데려와야 할….

내 생각에… 그 마법력의 소유자가 찾아 헤맨 것은 아마 다른 존재였을 거야. 그런데 정작 토끼구멍을 이용한 것은 핑크빈이었던 거지.

덕분에 우린 악마와 만나게 된 거고….

빠득

그렇지 않아. 핑크빈은 평범한 어린애야. 녀석이 강한 것은 꿈꾸고 있기 때문인 거야. 누구나 꿈속에선 무적의 불사신이잖아?

흠칫

크르릉

그럼 이 녀석은… 잠 속에서 또 잠을 자고, 꿈 속에서 또 꿈을 꾼다는 건가?

삐질! 삐질!

푸~크르릉!

꼬마야, 혹시 검은 옷 입은 마법사 한 분을 보지 못했느냐?

봤어요!

어디서?

깜짝

여기에서요. 아저씨가 바로 검은 옷을 입은 마법사잖아요.

내 옷은 보라색이잖아! 너 유치원에서 대체 뭘 배웠어?

유치원 안 다니고 미술학원 다녀요!

그럼 더 심각하네! 미술학원 다니는 애가 색깔도 *구별 못 해?

구별 : 차이에 따라 가르는 일.

이건 불공평해요. 남녀 구별 없이 차례대로 들여보내야죠.

바우야, 아무리 그래도 여자화장실이 붐빈다고 남자화장실에 들어간다는 건 좀….

*47

아차, 내가 지금 이런 꼬맹이랑 시간 낭비할 때가 아니지.

근데 넌 왜 따라와?

그냥요….

저리 가!

싫은데요….

변신!

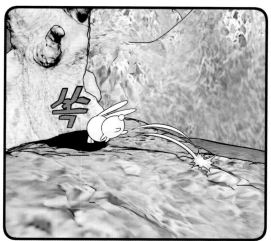

토끼구멍이다!

구멍이
사라지잖아?!

안 돼!
나도 들어갈 거야-!!

 제가 저녁을 준비하는 동안 호열이는 식탁에 앉아 〈코메〉를 보며 킥킥거리기도 하고,
저에게 표정이 웃기지 않냐며 책속 인물의 표정을 따라해 보여 주기도 합니다. 그 순간
제가 더 큰 행복을 느낍니다. (한호열 어린이 어머니 | 경기도 광명시 광명5동)

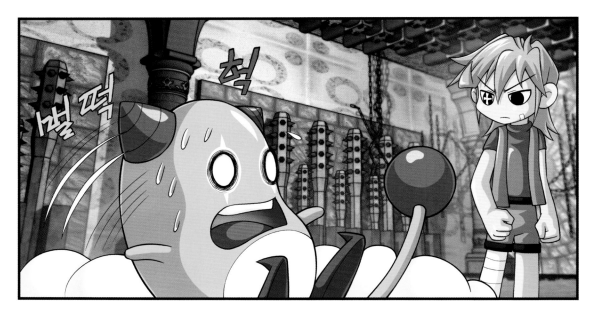

후유~, 꿈이었구나….
무척 *낯익은 곳이었는데
거기가 어디였을까….

낯익다 : 전에 보거나 만난 적이 있어서 눈에 익다.
아침에 눈 뜨니 낯익게 생긴 얼굴이 날 노려보고 있었어!
대체 누가 천장에 거울을 붙여 놓은 거야?

핑크빈을 자기 세상으로 돌려보내는 것만이 너와 내가 살 수 있는 유일한 방법이야!

생각날 듯 말 듯, 에잇~ 짜증나!

췍

뭘 보냐, 전투노예! 얼른 다시 시작해!

째릿

아루루! 핑크빈을 깜짝 놀라게 해서 빈틈을 만들어야 해!

*어설픈 연기로는 핑크빈을 속일 수 없어! 온 힘을 다해 날 공격해 줘!

*어설프다 : 야무지지 못하고 서투르다.

오~ 살벌한 눈빛, 마음에 들어! 자신이 살기 위해 옛 우정 따윈 헌신짝처럼 팽개친 강렬한 눈빛….

너 미쳤니?
그러다 죽으면
어쩌려고 그래…!!

아직 죽으면
안 된단 말이야-!

코메짱 〈코메〉는 오래 기다린 만큼 큰 재미를 줍니다. 앞으로도 재미있는 이야기를 기대하며 기다릴게요.
(강승훈 | 경기도 고양시 일산 동구 장항2동)

성공했어!

슈미와 *짜고
내 빈틈을 노려
공격하다니, 제법인걸!

하지만 그 정도론
어림없다!

짜다 : 어떤 일을 남과 함께 몰래 꾸미다.
카이린 양의 미모는 날 포로로 만들기 위해 하느님과 둘이 **짜고** 만든 예술작품 같아요.
아, 혼테일 이후 실로 오랜만에 들어보는 느끼한 대사….

유체이탈!

마법사도 아닌 *주제에
남의 도움을 빌려
유체이탈을 해 봤자
힘이나 쓸 수 있겠어?

킬킬

과연 그럴까?

스륵

파팟

쿠궁

심해 최강의
에너지체 금강산호의
힘을 보여주마!

촥

삐질
삐질

주제 : 어떤 사람의 초라한 모습이나 처지.
어떠냐? 나 정도 인품이면 주카가 존경하지 않곤 못 배기겠지?
스스슥. 주제를 알라고? 어디서 감히! 퍽퍽퍽!

어머니,
제게
힘을…!!

이거 놔!
놓으라고!!

토끼구멍이잖아!

아루루!

혼자만 쏙 빠져나가려고?

얘들아! 너희가 먼저 올라가서 날 올려줘!

〈코믹 메이플스토리〉를 통해 한글을 익힌 우진이! 어린이들에게 꿈과 희망을 심어주는 〈코메〉의 대박 행진은 계속되어야 합니다. 쭈~욱!
(임우진 어린이 어머니 | 서울특별시 강서구 공항동)

슈리켄
배스트 펌

펌
펌
펌

끼아악

끼아악

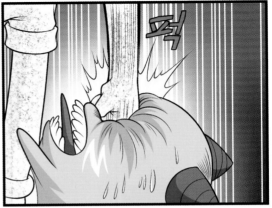

퍽

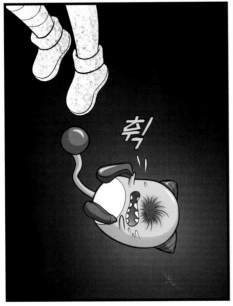

휙

휘이잉

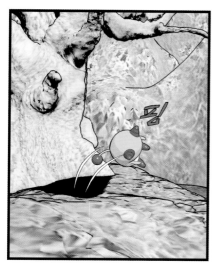

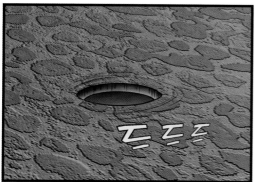

아루루,
괜찮아?

나… 언데드의 저주가…

풀린 거 같아!

당연하지~!
저주를 건 핑크빈이
사라졌잖아!!

슈미 넌 괜찮아?

응….

내 금강펀치에
심하게 맞았잖아.
토끼구멍을 여느라
힘도 많이 썼고….

괜찮아,
견딜 만해.

슈미야!

별거 아니야.
〈지혜의 눈〉이 열리는
과정에서 조금
다친 것 같아.

조금이 아닌 것 같은데?

부탁인데 애들한텐 말하지 마. 특히···

도도한테?

어서 가자! 신전에 흩어져 있을 친구들을 찾아야 해.

그런데··· 토끼구멍에 들어간 핑크빈은 어떻게 됐을까?

잠에서 깨어났을 거야.

코메짱

저는 〈코메〉 1~49권까지 한 권도 빠지지 않고 보았어요. 그러다 보니 어느새 주인공들과 일심동체가 된 것 같아요. 송도수, 서정은 작가님 모두 파이팅!!
(민진홍 : 경기도 안양시 동안구 갈산동)

빈~, 빈!
이제 그만 일어나라!

엄마…?

그래, 무슨 낮잠을
그렇게 깊이 자?

우리 빈이
꿈꿨구나~!

응….

신나는 모험을 하는 꿈이었는데…. 그런데 나 얼마나 잤어?

한 30분쯤…?

혁, 꿈속에선 수천 년도 더 지났었는데…!

그러니까 꿈이지~! 꿈속과 현실은 시간의 흐름이 다르단다.

맞다! 분명 저기에 토끼구멍이….

두리번

호호호, 너 아직 잠이 덜 깼구나? 어서 집으로 가자.

엄마, 나~ 꿈속에서 정말 친하게 지내고 싶은 좋은 애들을 만났었는데… 내가 괜히 더 못되게 괴롭혔어. 다시 만나면 잘해줄 텐데….

깨어났군.

다, 당신은…!!

왜, 너무
오랜만이라
반가워서 그래?

나도 반가워~.
찌찌뿡~.

이게 무슨 짓이에요?!

안 통하네…. 이 게임을 모르나…?

삐질

삐질

당신… 정말 혼테일 맞아요?

빠직

크…

어쩌지…, 아무래도 날 *의심하는 눈치야! 뭔가 다른 방법을….

너, 주카 아빠로 변신할 수 있지? 와일드카고 킹 말이야!

송맛사

의심 : 확실하지 않거나 이상하여 믿지 못하는 마음.
내 빵이 원래 두 개뿐이던가? 두 개 맞아! 믿어. 의심하지 마.
의심 안 해요. 바우 누나가 몰래 먹었다고 확신하는 걸요.

내 밑에서 오랫동안
*수련했으니 그 정도
둔갑술은 할 수 있잖아!

한번 해봐!

*수련 : 지식을 쌓거나 기술을 익히는 것.

오~! 정말
똑같다!

이제 대사를 연습해보자.
점잖게 말해봐.
내 딸 주카야, 아빠다!

뭐야,
그건 뱀 소리잖아!

말을 하란
말이야, 말을~!

*71

안 되겠어. 주카를 속여 뿔을 가로채려면 이런 *엉성한 둔갑술 말고 다른 게 필요해.

그 뿔이 왜 필요한 거죠?

그야~ 검은 마법사님의 봉인을 풀기 위해….

*엉성하다 : 짜임새가 꽉 짜이지 않아 어설프다.

델리코랑 숙희가
왜 이렇게 안 오지?

내가 한번
찾으러 가볼까?

안 됩니다! 혼자
나섰다가 카이린 님의
미모에 홀린 악당한테
납치라도 당한다면…

악당은 우린데
뭔 소리야….

맞아요! 저도 이
아름다운 얼굴 때문에
외출 한번 맘 편히
못 한다니까요~.

예쁘다는 건
참 귀찮은 거예요

그렇다고 여기서
마냥 기다리기엔….

나한테
방법이 있어!

예전에 내가 소 키우는 알바를 했는데, 광우병이 *기승을 부려도 우리 소들은 멀쩡했던 적이 있었거든?

음메~

음메

정말 멀쩡합니다! 어떻게 이런 일이…

소들의 머리가 모조리 텅 비어 있어요.

눈앞에 보고도 믿기지 않는군요!

삥—

슝성

슝성

이 상태라면 광우병에 걸릴래야 걸릴 수가 없겠어요.

에휴~, 배고픈데 빨리 좀 끝내지.

삐질

삐질

삐질

세상에…, 텅 비었어! 가축은 기르는 사람을 닮는다는 옛말이 딱 맞네요.

삥—

송맛사

기승 : 힘이나 기운이 누그러들지 않고 드세게 일어나는 것.

🗣️선생님, 제 글 좀 들어 보세요! 무더위가 **기승**을 부리던 어느 날, 나는 펄펄 내리는 첫눈을 맞으며….

💀바우야, 뭔가 좀 이상하지 않니? 💀이상해요? 그럼… '펄펄'을 '펑펑'으로 바꿀까요?

 ·75

그때 알바를 하면서 신통한 재주 하나를 익혔는데, 바로 멀리 있는 소를 부르는 기술이었어.

그 기술이 가능했던 건, 기차 화통을 삶아먹으면 나온다는 전설의 목청과 내가 비슷한 음성 주파수를 지녔기 때문이었지.

*요점 : 말이나 글에서 가장 중요한 알맹이.

델리코와 숙희를
불러야지, 소들은
왜 불러!!

아무러면 어때?
내 목소리를 들었을 테니
어디서든 나타나겠….

아, 안녕…?
여, 여긴
어쩐 일로…?

〈코믹 메이플스토리〉 덕분에 제가 날로 날로 똑똑해지는 것 같아요. 아이큐가 UP 되는 기~분!
〈코메〉 짱! (지승연 | 전라남도 장흥군 관산읍)

넌 어떻게
내 유혹 스킬에
멀쩡한 거지?

무식하긴~. 태산 같은
*지성과 바다 같은
학식을 갖춘 자에겐
어떤 유혹도 통하지
않는다는 거,
몰라?

*지성 : 올바르게 판단하고 이해하는 능력.

몰라! 하지만
네 머릿속이
텅 비었다는 건 알아!

닥쳐!!

당장 내 친구들을
원래대로 되돌려 놔!

헐~, 머릿속에
든 게 없으면
겁도 없나보군.

당연히 겁이…,

뭐~야?

내가
이 방법까진
안 쓰려고
했는데….

치사하군…!!
독가스 같은
화학무기는
국제법으로
*금지돼 있는
거 몰라?

몰라!
각오해라, 똥소!!

널 땅의 신
가이아의 이름으로
심판하겠다ㅡ!!

금지 : 어떤 일을 못 하게 막는 것.

여기는 마족 전용 식당, 마족 이외엔 출입금지야.

마족은 아니지만 50명 단체 손님인데… 이쪽으로 앉으십시오, 손님.

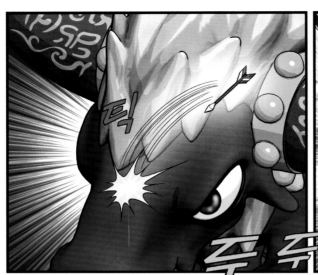

땅의 신 가이아?
웃기고 있네!

이상하다…? 분명히 맨발을 땅에 대면 가이아 님과 *접속된다고 했는데?

맞아, 〈시간의 신전〉은 외계의 땅이라서 메이플월드의 땅을 다스리는 가이아 님과 접속되질 않는 거야!

*접속되다 : 서로 붙이거나 맞대어 이어지다.

땅의 신이든 뭐든 이번 공격으로 끝내주마!

잠깐! 내 자랑은 아니지만 이 몸이 세수한 지 3년이 넘었거든!

뭐?

머리도 그만큼 안 감았다는 뜻이지.

 두 달에 한 번씩 나오는 〈코믹 메이플스토리〉를 사러 20일마다 서점에 가는데, 그때마다 기분이 너무 설레요. (장형준 | 서울특별시 강서구 가양동)

*83

역시~, 내 고향 메이플월드의 흙먼지는 느낌부터 달라~.

땅의 신을 찾더니, 너 땅거지였냐? 머리에서 웬 흙이 그렇게….

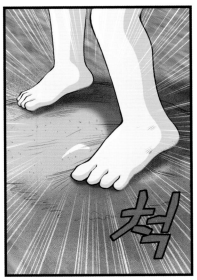

덤벼라, 똥소!

간다, 땅거지!

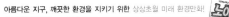

 "이번이 마지막이다."라면서도 〈코메〉가 새로 나왔다는 소식에 매번 사주게 되었는데, 이제는 제가 끊을 수 없네요. (지문호 어린이 어머니│인천광역시 동구 만석동)

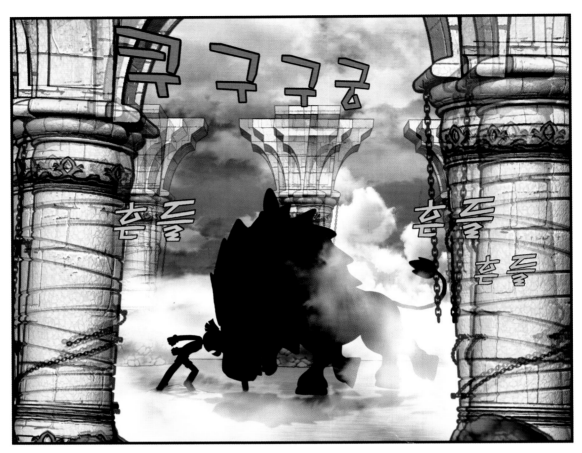

이건… 머리가 아니라…
최종병기…!!

정말 힘겨운 싸움이었어.
외계의 땅이라는 뜻밖의
조건이 날 괴롭혔지.

하지만
어떤 조건이든~

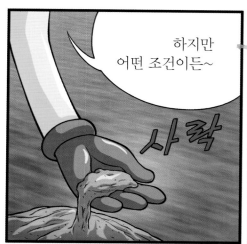

슬기롭게 *극복해야
하는 것….

카이린…!

 극복하다 : 어렵고 힘든 일을 잘 이겨내다.
진정한 해적이라면 작은 불편 따위는 웃으며 **극복해야** 하는 거다.
갈매기가 아빠 머리에 똥 쌌어요. 뭐야? 이런 괘씸한…. 용서 못 해! 어느 갈매기야?

유혹 스킬에 걸렸었던 것 같은데….

맞아, 근데 내가 괴물을 물리치는 바람에 스킬이 풀린 거야.

저 거대한 괴물을 너 혼자 물리쳤다고? 어떻게?

머리를 썼지!

아~, 머리로 *받았구나.

*받다 : 머리나 뿔 따위로 세차게 부딪치다.

머리를 썼다니까 왜 머리로 받았다는 생각부터 하는 거야? 지성과 학식으로 괴물의 약점을 공격했다는 생각은 안 해?

미, 미안…. 물론 그 생각을 제일 먼저 했지~! 그래서 지성과 학식으로 괴물의 약점을 공격했니?

아~니, 머리로 받았어.

변신술로 *정체를
숨기면, 유혹 스킬에서
깨어날 때 들통 난다던데…
저 녀석들 혹시…!

아, 다들
무사하셨군요.

왜?

제 모습을 보고
놀라시는 게 당연합니다.
설명해 드리죠.

정체 : 겉으로 드러나지 않은 본모습.
내게 패배를 안겨 준 소녀여, 그대의 **정체**는 무엇인가?
정체가 무슨 뜻인데? 흑…. 그만두자.

송맛사

지난번에 말했듯이
흑마법사와 전투 중 악의
기운에 오염되어…

카이린 양,
제 말을 끝까지
들어 보세요!

네 정체가 뭐지?

뭐 해, 어서
뇌파 분석
안 하고…!

분노로 가득 차
있어요! 이번엔
사기 쳐서 넘어가기
힘들겠어요.

그렇다면
방법은 하나!

정체가 뭐냐고 물었어!

저는… 검은 마법사의
*참모 조직 블랙윙의 윙마스터
오르카 군단장님을 모시고 있는
변신술사 바로크입니다!

그것이…
제 정체입니다,
카이린 양.

뭐가 그렇게 길어?
줄여서 간단히 말해!

*참모 : 윗사람을 도와 어떤 일을 꾀하고 꾸미는 데 참여함.

한마디로…
나쁜 놈입니다.

너 같은 악당이
우리 아빠를 어떻게
알았지?

테스토넨 님과는
악당이 되기 전,
해적사관학교에서
만났습니다.
믿어 주십시오!

나쁜 놈이라고
간단히 말하니까 머리에
쏙 들어오네~.

그리고 따님이신 카이린 양을 지켜 달라는 부탁을 받은 것 또한 사실이고요.

거짓말!!

뻐억

이미 제 정체를 밝힌 마당에 왜 또 거짓말을 하겠습니까?

주 륵

*교묘하다 : 솜씨나 재주 따위가 재치 있게 약삭빠르고 묘하다.

오~, 믿는 눈치예요! 끝까지 포기하지 않고 진실과 거짓을 *교묘하게 섞은 말로 상황을 뒤집는 사기 플레이! 정말 환상적이시네요…!

흑흑

…

네가 아빠와 친했었다고 해도, 정체를 안 이상 같이 갈 순 없어! 그러니 당장 사라져!

카이린 양, 테스토넨 님과의 약속을 지킬 수 있게 제발 옆에 있도록 해 주십시오!

어서 사라지라니까!!

네가 떠나지 않으면 우리가 떠나겠어! 가자, 바우야!

알았어.

차라리 잘됐네요, 뭐. 우리의 목표는 주카의 뿔이니 주카나 찾으러 가요.

바로크 님…, 설마 진짜로 우는 거예요?

모르겠어.

평생 사기만 치다 보니 지금 느끼는 감정이 진실인지 거짓인지… 나도 구분이 잘 안 돼.

지금 느끼는 감정이 어떤 건데요?

카이린 양이… 너무 좋아.

맙소사, '선'을 짝사랑하게 된 '악'이라니…!

나 이제 어떡해~!!

나 참…, 뿔만 바치면
당장 풀어준다는데
왜 말을 안 들어?

차라리 날 죽여!

저걸 그냥…!!

그럼 뿔도
파괴되잖아!
너 다 알고
배짱부리는 거지?!

넌 또 무슨 일이야?!

말을 해, 말을!

아이고, 답답해!

데몬슬레이어랑 도도는 한발 한발 다가오고, 주카는 죽어라 말을 안 들어 골치가 아픈데 또 무슨 사고가 터진 거냐고?!

동생과 싸우고 난 후에도 〈코메〉를 같이 보다 보면 금방 화해하게 돼요. 〈코메〉는 동생과 나의 사이를 돈독히 해 주는 고마운 책이에요. (박정원 | 광주광역시 광산구 산월동)

혁, '신들의 황혼'으로
가는 길목을 지키는
최강 몬스터 라이카가…

대체 누가
라이카를…!

설마 저 꼬맹이들이…?

저렇게 강할 줄이야….
뭔가 새로운 대책을
세워야겠어. 그렇다면
핑크빈이 필요한데…

옆에서 얼쩡거리지 말고,
빨리 핑크빈이나 찾아와ー!

에잇, 급한대로 우선은 신녀 아리엘을….

네가 아리엘을 삼켰지?!

삼키랬다고 진짜 삼켜? 어서 뱉어!!

생명력은 없지만 내 기운을 불어넣는다면 꼭두각시로 만들어 이용할 수 있겠어.

〈코메〉가 서점에 나오는 짝수달 20일만을 유일하게 기다립니다~!!
(정소현 | 충청남도 천안시 서북구 불당동)

그래~,
꼭두각시 아리엘로
신전의 병력을
이용하는 거야.

내 뿔이 검은 마법사의
봉인을 푸는 열쇠라니…
왜 하필 나한테….

정신 차려!
나약하게 *칭얼거리고
있을 때가 아니야.

하지만
아카이럼에게 내 뿔을
빼앗기게 된다면….

그 땐….

칭얼거리다 : 몸이 불편하거나 마음에 못마땅하여 짜증을 내며 자꾸
중얼거리거나 보채다.

숙희가 자꾸 칭얼거려. 어디가 아픈가 봐.   아저씨가 숙희 꼬리를 깔고 앉았잖아요.

아루루….

도와줘, 아루루….

아루루…, 부축하느라 힘들지…?

잠깐만…!

힘들면 여기서 좀 쉴까?

그게 아니라…
뭔가 이상한
기운이 느껴져….

응?

슈미야, 왜 그래?

깨어나라…!

솔로몬!

그리고 렉스!

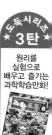

침입자에게…

죽음을!

카이린의 신무기

카이린 양,
잠깐만요…!!

두둥

내가 사라지라고
했을 텐데…!

하지만 카이린 양께 닥쳐올
위험을 알면서 차마
못 본 체할 수가 없…

내 일은
내가 알아서 해!
보기 싫으니까,
당장 사라져!!

척

저 보기가 그렇게 싫으시다면~ 제가 무기로 변신해서 지켜드릴 수….

카이린 양-! 왜 제 진심을 몰라주세요!!

꼭 이렇게까지 주접을 떨어야 돼요? *자존심이 있지….

*자존심 : 남한테 굽히지 않고 스스로 높이는 마음.

사랑에… 자존심은 필요 없어.

아참! 닥쳐올 위험이란 게 뭔지나 물어볼걸.

바우 넌 그 사기꾼의 말을 믿어? 보나마나 헛소리…

내가 분명히 먼저 잡았다고!

쳇, *우기는 버릇은 여전하군. 신녀님께 어디 확인해 볼까?

독신 각신!

삐질

짝악

짝악

뭐얏?! 한번 붙어볼래!!

저것들이 왜 저래? 아리엘이 꼭두각시라 명령이 잘 안 통하나?

솰~

우길 걸 우겨! 그러니까 네가 친구가 없는 거야!

그러는 너는 친구 있냐?

둘 다 그만해-!!

그래, 네 똥 컬러다!

솔로몬, 솔로몬 대머리 까져라!

반사!

무지개반사!

크드드득

크드드득

삐걱

우기다 : 자기가 옳다면서 고집스럽게 내세우고 억지를 부리다.

송맛사
친구랑 대화할 때 자기만 옳다고 우기는 건 잘못이야! 그래도 어느 정도는 자기주장을 내세워야 대화가 될 텐데…. 천만에! 말도 안 돼. 넌 틀렸어. 내가 옳아!

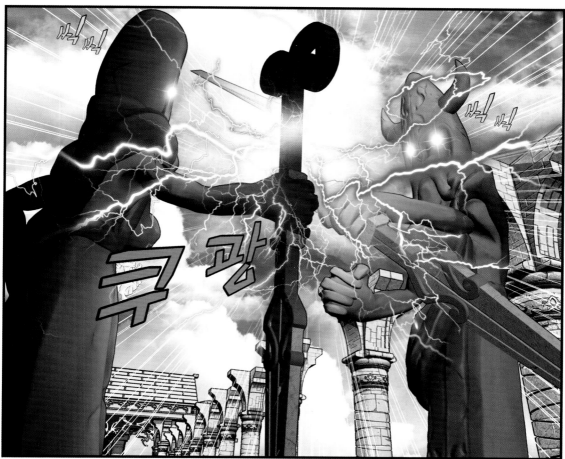

〈코메〉를 기다릴 때는 하루가 1년 같고 〈코메〉를 볼 땐 1시간이 1분처럼 느껴져요.
우리 반에서 〈코메〉는~ 모르는 애들이 없을 정도로 유명하답니다.
(최태우 | 경기도 남양주시 진건읍 용정리)

어…, 어떻게 눈치챈 거지?!

*당분간 : 앞으로 얼마 동안.

헉! 땅이 붙었어!

아, 안 빠져!

쟤들은 *당분간 꼼짝 못 할 테니… 하던 얘기나 계속 해보자고!

 처음엔 아이들 만화라고 생각했는데, 지금은 제가 더 열심히 보게 되었어요. 〈코메〉는 너무 재미있어서 다음 권이 늘 기다려져요. (김윤지 어린이 어머니 | 강원도 춘천시 우두동)

꼬맹이들부터
없애라니까!!

자기네들끼리 싸우는
틈을 타서 도망쳐야
할 텐데….

갈수록 힘이
빠진다….

가이아 님의
힘을 빌릴까?

좋은
생각이야!

이런…! 똥소랑 싸울 때 흙을 다 털어서 별로 안 나오잖아!!

그렇다면 또 하나의 방법이 있지~.

너 뭐 하는 거야?

기다려 봐, 흙 묻은 때가 금방 쌓일 테니까!

카이린 양!

부디 제 부탁을 들어주십시오. 무기로 변신하여 카이린 양을 지켜 드리겠습니다!

피, 필요 없다니까!!

솔로몬! 렉스!
명령이다!! 싸움을 멈추고
어서 꼬맹이들을 처치해!!

쳇, 그럼
일단 휴전….

카이린 양,
시간이 없습니다!

때가 생각보다
덜 밀리네?
그래도 아쉬운 대로….

조, 좋아,
네 부탁을 들어주….

가이아 님,
손바닥으로라도
제게 힘을…!!

이번만
이야!!

〈코믹 메이플스토리〉는 저를 웃게 하는 웃음짱 만화책이에요. 송도수, 서정은 작가님께
항상 감사합니다. (최세현 | 인천광역시 남구 학익동)

*119

바우야−!!

이제 하나 남았군.

*마저 처치하고
싸움을 계속하자고!

카이린 님 곁엔
제가 있습니다!
걱정 말고
싸우세요!

좋아, 죽기
아니면 살기….

윙즈!

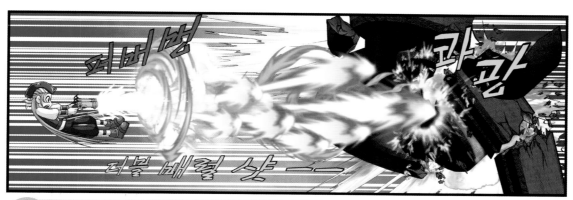

우와~
보통의 더블 배럴 샷보다
수십 배는 더 강한 것
같아!

엄청난 화력답게
*반동도 굉장하고!
이걸 이용한다면…!!

*반동 : 어떤 힘이나 움직임 때문에 그 반대쪽으로 움직이는 것.

바우…, 바우야!

내가 왜 이러지?

훌륭하십니다~, 카이린 양!

앞으로도 제게 카이린 양을 지킬 영광을 허락해 주시면….

아니, 도와준 건 고맙지만 더 이상의 도움은 필요 없어!

추 슥
흑

변신무기는 사용자의 에너지에 *의존하므로 무척 지치셨을 겁니다. 당분간 휴식을 취하소서.

부디 빨리 체력을 되찾으시길 빌며 신은 이만 물러가옵니다.

쟤가 뭐 여왕이에요? 말투가 왜 그래요?!

꾸벅

투 덜
투 덜

펑

바우야…!

으음….

송맛사

의존하다 : 어떤 일을 혼자 못하고 남이나 다른 것의 도움을 받아서 하다.
아무래도 주카의 뿔에 너무 의존하는 것 같아. 봉인을 풀 다른 방법이 없을까?
스스슥. 물어 봤으면 대답을 하란 말이야. 퍽퍽퍽-!

돌덩이들은?

물리쳤어. 어서 이곳을 떠나자.

누구 맘대로? 게임 아직 안 끝났거든!

깜짝

휘긴!

무닌!

번쩍

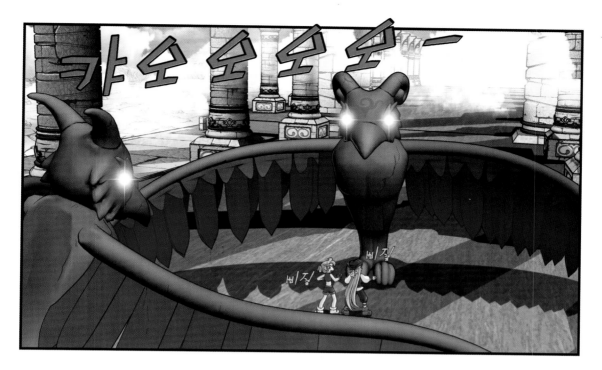

이건…

드래곤의
울부짖음인데…?

델리코-!! 그 드래곤은…?!

숙희예요!

아, 안 돼-!!

우리 숙희 내놔,
어서 내놓으라고!!

〈코믹 메이플스토리〉는 저의 피로 회복제예요. 그리고 49권에서 나온 데몬슬레이어와
메르세데스의 모습이 너무 귀여워요~. (박민정 | 충청남도 서산시 석림 4로)

꼬마야, 너 드래곤 마스터 맞니?

그래, 맞다! *치사하게 갑자기 나타나서 어린 드래곤을 먹어?!

드래곤 마스터라면 신룡의 대관식 절차를 모를 리 없을 터….

*소멸 : 사라져 없어짐.

신룡의 대관식이라면… 마룡과 같은 불사의 존재인 신룡이 그 힘을 후계자에게 물려주고 스스로 *소멸을 택하는 건데….

치사하다 : 말이나 행동이 하찮은 것에 얽매여 좀스럽고 쩨쩨하다.
치사하다, 주카. 그까짓 뿔 좀 잘라 주면 안 돼? 당신 혼테일 맞아요?
마, 맞아. 그럼 내가 아카이럼이겠어? 아카이럼이군요.

신룡 아프리엔의
후계자여,
이름이….

빤짝

빤짝

델리코요!

너 말고….

아, 숙희요!

쑥ㅅ

신룡 이름이
그게 뭐냐?

귀엽잖아요~!

귀엽긴~. 생각 같아선
확 취소하고 다른 후계자를
찾아다니고 싶다만
이젠 그럴 수도 없고….

빠득

파아앗

드래곤 숙자에게
내 힘을 넘기노라!

숙자 아니고
숙희….

번쩍

아무튼!!

수, 숙희…

뭣들 하는 거야?
어서 잡아!!

드래곤 블링크!

모든 스킬이 봉인됐어!

켈켈켈~, 어디 덤벼보시지~!!

스킬이 아니라면 힘!!

공격반사ー!

힘으로 *돌파한다!

어림없다!!

바디 어택!!

돌파하다 : 가로막은 것을 뚫고 나아가다.

🐲 숙희야, 드래곤의 길은 험난하단다. 어서 일어나서 장애물을 **돌파**하고 힘차게 날아야지!
🐲 아이 참~, 아저씨가 숙희 꼬리를 깔고 앉았다니까요!

이럴 수가….

검은 마법사님께 바치려고 오랜 세월 애지중지 키워온 시간의 신전이… 생쥐 같은 저 꼬맹이들 때문에 무너지다니…!

또 뭐야?

드디어
나타나셨군….

이렇게 된 이상
길은 하나! 저 두 녀석을
*철저히 혼내준 다음,
신전을 폭파하고
이곳을 탈출한다!

아스완으로 간다!
그곳에서 검은 마법사님을
맞이하는 거야!

어디로?

어디로
가느냐고?

송맛사 **철저히** : 어떤 일을 할 때 빈틈이나 부족함이 조금도 없이.
해적선장은 아무리 작은 일에도 철저히 해야 하느니라. 아빠, 항해사님이 아무래도 방향을
잘못 잡은 거 같다고 아빠한테 도와달래요. 대충 하라니까 귀찮게 왜 날 찾고 그래?

Quest 249 스스로를 봉인한 자

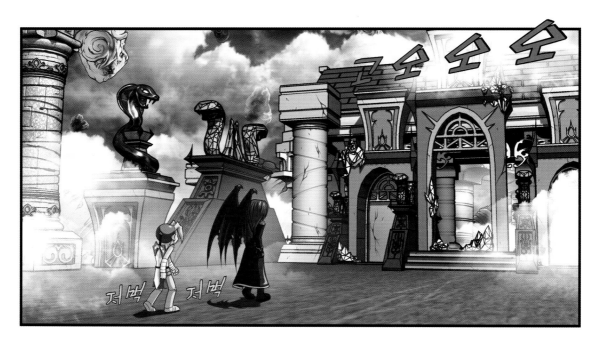

드디어
결전의 순간이다!

기다려.

겁먹었냐?
왜 그래?

이유는 묻지 말고…

?

어쨌든 잘됐네.
나도 마침 잠깐
시간이
필요했는데…

기분 참~ 묘하네. 기다란
혓바닥 같은 게 귀로
들어와 머릿속 구석구석을
핥고 나간 듯한
느낌이야….

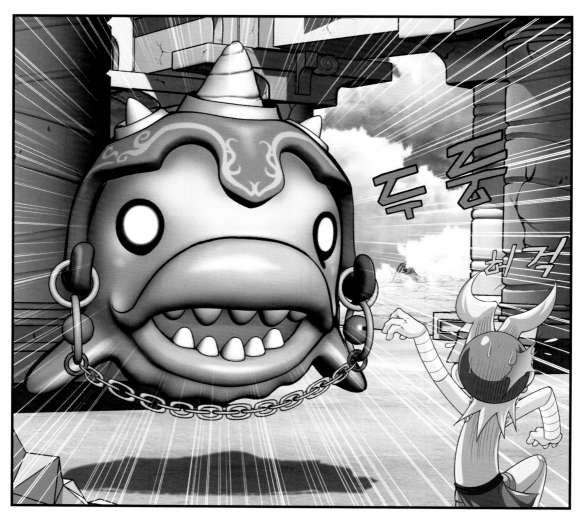

바… 밟았다….

너… 너는 뭐냐?

도도….

내 이름을
어떻게 알았지?

도도….

그래,
난 도도인데
넌 누구냐고!

도도….

내 이름 좀 그만 부르고 네 이름이나 말해!

깜짝

스르륵

내가 똥 누다가 꿈을 꿨나…?

꿈인지 뭔지, 그것 때문에 더럽게 이게 뭐야….

걸음걸이가 왜 그래? 다쳤어?

아… 아니, 묻었어.

묻다니?

이 냄새는 뭐지…?

시끄러워-!
안 싸울 거냐?

친구를
기다려야 해.

친구…?

*모반 : 우두머리를 몰아내거나 나라를 뒤엎으려고 몰래 일을 꾸미는 것.

오래 전 검은 마법사에
대한 *모반을 결심했을 때…
〈영웅〉들 가운데 한 명에게
은밀히 내 뜻을 전한 적이 있었어.
〈연합〉에 함께 할 테니
받아달라고…

다행히 그 친구는 날 믿어
주었고…, 단 한 번 만났지만
우린 흔들리지 않는
우정을 쌓았지.

그 친구가
누군데?

인간과 마족 사이의
경계 영역을 다스리는
엘프족의 위대한 여황….

말도 안 돼.
이렇게 *허망하게
죽을 수가…

아니,
델리키의 영혼은
아직 〈죽은 자들의
나라〉로 떠나지
않았어.

〈자이언트 우드〉의
반지 덕분이지.
반지의 힘이 영혼을
붙들고 있는 거야.

허망하다 : 애쓴 일에 아무 보람이 없어 기운이 빠지고 마음이 텅 빈 듯하다.

내 나이 어언 1억 살…. 삶이란 참 허망한 것이야.

그럼 봉인 풀지 말까요?   혼나 불래?

그럼 살아날 수 있어요?

그렇진 않다. 반지의 힘 덕분에 머물러 있지만, 이미 몸을 빠져 나온 이상 영혼이 다시 몸속으로 돌아갈 순 없어.

그럼 죽은 거랑 뭐가 달라요-!

이게 다 당신 때문이야! 말도 안 되는 꼭두각시에 속아 *방정만 떨지 않았어도….

내가 책임지겠어.

*방정 : 호들갑스럽게 까부는 짓.

무슨 수로 책임질 건데요? 울 오빠를 살려낼 수 있어요?

부활의 비약이 보관된 황궁 금고를 열면….

또 그 소리!

열쇠가 없다면서요!

방법을 찾을 거야.
시간이 걸리더라도….

말은 누가 못해!

시간만 질질 끌다가
얼렁뚱땅 넘어갈
속셈이라는 거, 우리가
모를 줄 알아요?

그런 거 아냐.
난 이미 델리키와
결혼하기로 결심했는걸….

놀랄 것 없어. 엘프 황실
장녀와 델 가문 장남의 혼인은
이미 오래전에 약속된 일이야.
그 약속이 지금에서야
이루어진 것뿐….

〈코메〉 덕분에 우리 반 아이들과 우리 가족이 행복해졌어요!^^ 앞으로도 우리 모두가
행복해질 수 있도록 재미있는 책을 계속 만들어 주세요. (심민균 | 부산광역시 연제구 거제1동)

이제 델리키를 반드시 살려낼 거라는 내 말을 믿겠지?

그… 그래요. 남편이니까….

그래 봤자 말뿐이잖아? 결혼식을 한 것도 아니고….

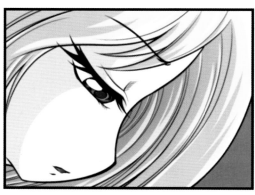

델리키는 이제 내 영혼의 반쪽이야. 델리키가 죽으면 나도 죽고, 델리키가 살아야 나도 살아!

믿을게요…, 메르세데스 님의 약속을….

그럼 어서 생각해 봐요. 황궁 금고를 어떻게 열지….

그 전에… 오래전 친구와 한 약속을 지켜야 해. 우린 함께 검은 마법사에게 대항할 것을 맹세하고 둘 사이를 연결하는 마법 채널링을 개설했지.

방금 그 친구한테서 연락이 왔어. 함께 싸움을 시작하자는….

다들 기다려 줄 거지?

꼭 승리하고 무사히 돌아와야 해요! 안 그럼 우리 오빠는…!

오랜만입니다,
여황 폐하!

다시 만나서 기뻐요,
데몬슬레이어 님!

이쪽은 도도, 비록 인간이지만 우리 못지않은 전투력을 지닌 친굽니다.

비록 인간이라니, 무슨 말을 그렇게 하나?

반갑습니다, 도도 님.

기다려라, 아카이럼!

 《코메》를 통해 형준이의 상식이 풍부해졌고 학습에도 도움이 되었어요. 무엇보다
형준이가 무척 행복해 합니다. (조형준 어린이 어머니 | 대전광역시 중구 유천동)

 *161

신룡 아프리엔의 힘을 *물려받았어요! 그 힘을 다 소화하려면 아직 멀었지만요.

숙희가 순식간에 컸네?

대체 뭘 어떻게 했길래, 이렇게 큰 거야?

숙희야, 힘들었지? 당분간은 안 부를 테니까 정령계로 돌아가서 좀 쉬어.

숙희가 사라지고 있어!

정령계로 간 거예요. 드래곤이 현실계를 자유로이 드나들긴 하지만 지친 몸을 쉬기엔 자기가 속한 정령계가 나을 테니까요.

송맛사 물려받다 : 남한테서 기술이나 자리, 물건 등을 넘겨받다.
아빠 생신 선물로 편지를 써야겠어. 아빠, 감사해요. 저는 아빠로부터 많은 걸 물려받았어요. 뛰어난 검술 솜씨와 또… 또…. 작은 눈…. 맞을래?

슈미 너···, 대체
뭘 하고 있길래 이렇게
힘들어 하는 거야···.

싸아아

*가상 : 어떤 일이 일어난 것처럼 상상하거나 진짜가 아닌 생각으로 지어낸 것.

여긴 *가상의 결계…!
내가 느낀 존재가 여기
있다는 건, 누군가 이 결계 안에
그를 가두었다는 건데….

얼마나 대단한
존재길래 봉인하기 위해
결계까지 친 걸까…?

 저는 부끄러움이 많은 편이었는데, 〈코믹 메이플스토리〉를 보고부터는 정의를 위해
싸우는 도도의 용기를 닮아가고 있어요! (이승호 | 경기도 연천군 전곡읍)

콜 오브
페이트!!

그 영역에 다시 들어가야 해!

그 영역이라니…? 뭔지 모르지만 이제 그만둬. 넌 너무 지쳤어!!

가야 돼, 아루루! 봉인을 풀고 그를 결계에서 풀어 줘야 해!

49권 재미짱 3위 델리키와 메르세데스의 최강 대결!

〈그〉가 누군데?

멍

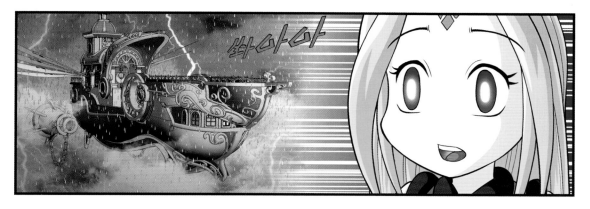

쏴아아

쏴아아아

〈크리스탈 가든〉에 오신 것을 환영합니다.

저는 집사 알프레드랍니다. 저쪽은….

캡틴 슐츠라고 불러 주십시오. 실례지만 숙녀분의 성함은…?

저는 슈미라고 해요.

슈미 양, 대단한 능력을 지니셨더군요. 주인님이 쳐놓은 결계 안으로 들어오시다니…, 그것도 두 번씩이나…

마스터가 스스로 결계를 만들고 자신을 가둔 이래…, 슈미 양이 첫 방문객입니다.

스스로 결계를 만들었다고요? 결계 안에 *강제로 봉인 당한 게 아니고요?

강제 : 힘으로 눌러서 억지로 하게 하는 것.
선생님, 델리코가 글쎄 저한테 강, 강제로…. 강제로 뭐?
빵을 먹였어요. 바우야, 말 안 되는 거 알지?

물론이죠~! 감히 누가 우리 주인님을….

마스터는 자신의 운명을 신에게조차 맡기지 않는 분입니다.

도대체 그 주인님이라는 분이 누군데요?

하늘 아래 가장 강한 힘과 가장 깊은 지혜와 가장 많은 재산을 가지신 분….

마치 신을 가리키는 말처럼 들리네요.

후훗~.

유한한 존재로서 신의 영역에 가장 가까이 다가간 분입니다. 저의 마스터 〈팬텀〉은 그런 분이죠.

〈코메〉가 나올 때마다 저는 아빠와 함께 서점에 가요. 내용도 너무너무 재미있고 그림 연습하는 데도 많이 도움이 돼서 참 좋아요! (정소은 | 전라남도 여수시 오림동)

그런 분이 왜…
스스로를 가둔 거죠?

쿠르르르 쾅

정보관리실 책임자
크리스틴 양입니다.
최고의 정보분석가죠.

슈미예요.

반갑습니다,
슈미 양.

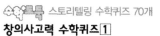
호게임의
새 책
수학콕콕 스토리텔링 수학퀴즈 70개
창의사고력 수학퀴즈 1

마스터가 펼친 카드의
내용이 궁금하군요.
그분의 카드 점은 틀리는
법이 없거든요.

음… 수레바퀴와
신전과 전차였던 것
같아요.

죄송해요. 너무나
감격한 나머지….

우선 수레바퀴는 운명을
상징해요. 슈미 양이
결계에 나타난 것은
결코 *우연이 아니라,
이미 준비되어 있던
운명이라는 뜻이죠.

송맛사

우연 : 뜻밖의 일이 저절로 닥치는 것. 또는 그 뜻밖의 일.
🐾 그녀를 만난 건 우연이었다네. 하지만 훗날 난 깨달았지. 그건 운명이었다는 걸….
🐾 그녀가 누군데? 🐾 너야. 핑크빈!! 🐾 헉, 나 남자야!

그리고 신전 카드는 *고정관념의 붕괴를 상징합니다. 드디어 변화의 때가 왔다는 것을 뜻하죠!

마지막으로, 전차는 전쟁의 승리를 의미합니다.

*고정관념 : 머릿속에 이미 굳게 자리 잡아서 쉽게 바뀌지 않는 생각.

세 장의 카드를 종합해 분석해 보면, '운명처럼 찾아온 구원자가 결계를 부수고, 기나긴 싸움을 승리로 이끈다' 는 점괘인 거죠!

슈미 양, 고맙습니다!

슈미 양은 우리 모두의 구원자예요!

하지만… 그분은 저한테 무섭게 화를 내셨는걸요.

그건… 슈미 양에 의해 결계가 깨지는 것이 못마땅하셨기 때문일 거예요.

어째서요…?

그건… 설명하기 복잡하지만 간단히 말씀드리면…

주인님께서 결계를 만들고 스스로를 깊숙이 가두어 둔 것은… 어떤 소녀의 죽음과 관련된 추억 때문입니다.

그 소녀는 마스터가 자신의 목숨보다 더 사랑한 분이었죠.

마스터가 생애 처음이자 마지막으로 사랑했던….

그런 분을 잃었다니…, 어쩌다가….

문제는 그분의 죽음 자체가 아니에요.

네?

문제는…

시무룩

그분을 죽인 게
주인님이라는 사실이죠.

까 짝

쿠 쿵

싸아아

슥

멍청이들이 널
들여보냈나 보군.

네…
아, 아뇨….

마스터를
*설득해 줘요! 우리가
보냈단 말은 절대 하지
말고요!

슈미 양은
할 수 있어요!
결계 탈출 아자아자,
파이팅–!!

멍청이들이 카드를
어떻게 해석했는지
맞혀 볼까?

운명처럼 나타난 구원자,
결계의 파괴, 기나긴
싸움의 승리…. 그렇지?

아… 네….

송맛사

설득하다 : 자기 뜻에 따르게 말로 타이르다.
의견이 다르다고 싸우는 건 잘못이야. 차분히 **설득해야지**. 하지만 격렬한 논쟁을 통해
우정이 싹트는 경우도 있어. 뭘 안다고 참견이니? 내 말이 맞으니까 무조건 그렇게 알아!

그건 카드를 자신들의 입장에서 해석했기 때문이야. 멍청이들이 자주 저지르는 실수지.

하지만 그건 네 입장에서 해석되어야 하는 카드였어. 내가 제대로 해석해 주지.

첫 번째 카드! 네가 여기 온 것은 운명이야. 다시 말해 넌 앞으로 전개될 비극을 결코 피할 수 없어.

두 번째 카드….

넌 파괴될 거야. 마치 벼락에 무너지는 신전처럼…. 그것이 네 운명이다!

마지막 카드!
그 죽음은…

모든 것을
파괴하는 전쟁의
계기가 될 거야.

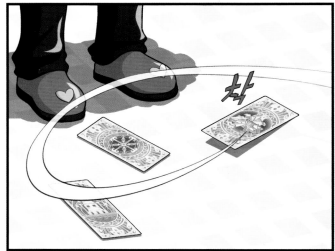

설명이 더 필요한가?

들었으면 꺼져!

결계를 풀고
세상으로 나오세요,
팬텀 님!

못 알아듣는군!
그럼 내 카드 점대로
널 신전처럼 부숴 주마!

〈코메 50권〉이 나오기까지 새하얗게 청춘(?)을 불태운 작가님들과 눈이 오나, 비가 오나 〈코메〉에게
변함없는 사랑을 보내준 독자 여러분들에게 감사의 박수를 보내요! 〈코메〉 포에버~! ♥

(〈코메 100권〉 이벤트는 뭘 하나 벌써부터 고민하는 편집부 시크림보)

·185

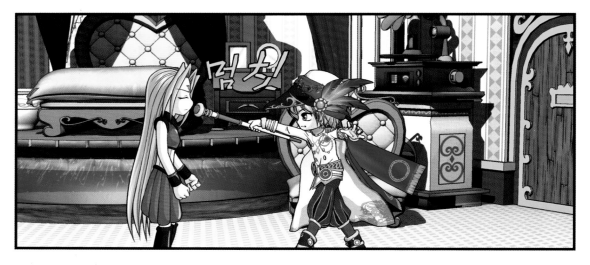

그분의 성함이
〈아리아〉인가요?
에레브의 여제···.

*깜박했군. 단순한 죽음이어선 곤란하지. 모든 것을 파괴할 전쟁의 시작이 될 죽음….

네 죽음은 그런 것이어야 해!

그 이름을 입에 담은 걸 후회하게 될 거다!

송맛사

깜박하다 : 어떤 것을 기억하지 못하거나 주의를 기울이지 못하다.

저는 가끔씩 제가 마족이라는 걸 **깜박할** 때가 있어요.

지금이 그때인 모양이구나. 데몬 슬레이어, 날개 씻고 와라. 그래야 텔레비전을 볼 수 있다.

팬텀에게 대체 어떤 기억이···?　코믹 메이플스토리 ⑤1권을 기대해 주세요!

코피의 진실!

〈코메〉가 어느덧 50권째…!! 더 멋있게 그릴 방법이 없을까?

헐…! 코, 코피!!

얘들아~ 나 코피 났어!! 너무 열심히 마감해서 코피 나나 봐ー!

선생님, 코 파신 거죠~?

아니야!!

코피의 진실?

겨울이라 그런지 건조해서 자꾸 코가 막히네…?

헐…! 코, 코피!!

선배님, 마감하느라 너무 무리하셨나 봐요.

아, 아니 그게 아니라….

너 코 파다 코피 난 거지?

선배님이 선생님 같은 줄 아세요?!

코메 소식통

〈코메소식통〉은 〈코믹 메이플스토리〉를 사랑하는
이들이 함께 만들어 가는 공간입니다. 애독자엽서와 〈서울문화사 아동기획팀〉 카페
〈http://cafe.naver.com/ismgadong〉를 통해 많이 많이 참여해 주세요~!!

1 코메가 간식 쏜다!

간식을 받고 싶은 사연을 엽서에 적어 보내 주시면
즐거운 자리에 〈코메〉가 간식을 보내 드립니다. 반 친구들과 함께
기쁨을 나누고 싶다면 학교로, 가족과 함께 즐기고 싶다면 집으로
간식을 보내 드려요. 또한 간식을 받은 후 기념 촬영한 사진을
편집부로 보내 주시면 문화상품권(2만원)을 추가로 보내 드립니다.

★ 응모방법 : 애독자엽서
★ 응모기간 : 2012년 2월 20일 ~ 2012년 3월 20일
★ 발표 : 2012년 4월 2일 개별 통보 후 〈서울문화사 아동기획팀〉 카페 공지
★ 선물 : 10만원 상당의 간식(1명)
★ 배송일 : 2012년 4월 10일까지

함안 사랑샘지역아동센터의 가족 같은 동생들과 친구
그리고 선생님과 함께 맛있는 간식을 나눠 먹었습니
고마워요~ 〈코메〉! 앞으로도 〈코메〉는 꼭 챙겨 볼 거
이선주(경상남도 함안군)

2 코메 보고 상상하자!

여러분의 상상력을 펼쳐 오른쪽 말칸에 대사를 넣어 보세요.

★ 응모방법 : 〈서울문화사 아동기획팀〉 카페(http://cafe.naver.com/ismgadong)
★ 응모기간 : 2012년 2월 20일 ~ 2012년 3월 20일
★ 발표 : 2012년 4월 2일 〈서울문화사 아동기획팀〉 카페 공지 후 개별 통보
★ 선물 : 기발상 | 문화상품권 3만원(1명), 재치상 | 문화상품권 1만원(2명)
★ 배송일 : 2012년 4월 10일까지

이 약을 먹으면
모든 사람들이 코메만
보게 될 거야~!!

상상하자 기발상 | 주카슬헤(hyun8342)
http://cafe.naver.com/ismgadong/17245

집중! 숨찾사
숨겨진 그림을 찾는 사람은 집중력이 쑥!

서정은 작가님이 본문 그림 속에 〈수학도둑 26권〉 표지
두 개를 숨겨 놓았어요. 눈을 크~게 뜨고 책을 잘 살펴 보
세요~! 관찰력과 집중력이 쑥쑥 높아집니다.

• 49권 숨찾사 발표 : 79쪽, 167쪽
• 50권 숨찾사 발표는 〈코메 51권 (2012년 4월 20일 출간 예정)〉에서 합니다.

3 코메 따라잡기!

〈코믹 메이플스토리〉 주인공들의 의상이나 표정, 동작 등을 자유롭게
따라해 보고 사진을 찍어 설명과 함께 〈서울문화사 아동기획팀〉
카페에 올려 주세요. 5명을 선정하여 선물을 드립니다.

1등 | 서정은쌤불박이(miso2529)
http://cafe.naver.com/ismgadong/15216

★ **응모방법** : 〈서울문화사 아동기획팀〉 카페(http://cafe.naver.com/ismgadong)
★ **응모기간** : 2012년 2월 20일 ~ 2012년 3월 20일 ★ **배송일** : 2012년 4월 10일까지
★ **발표** : 2012년 4월 2일 〈서울문화사 아동기획팀〉 카페 공지 후 개별 통보
★ **선물** : 1등 | 문화상품권 5만원(1명), 2등 | 문화상품권 3만원(1명), 3등 | 문화상품권 1만원(3명)

4 코메한테 고민을 털어놔!

어린이 청소년 클리닉
〈행복한아이연구소〉
서천석 원장님께서 여러분의
고민을 해결해드립니다.

Q 49권 고민 사연(이유림, 초등5)
저는 4학년 때 왕따를 당한 적이 있습니다. 그 일 때문에 친구들이 저를 무시합니다. 아무리
노력해도 친구들이 말도 잘 걸지않습니다. 요즘엔 그나마 나아졌지만 친했던 친구들도 점점
저를 소홀히 대합니다. 이런 상황을 벗어날 방법은 없을까요?

A 학교에 가도 놀아줄 친구들이 없고, 친구들이 날 무시하는 것은 참 견디기 어렵습니다. 유림 양이 얼
마나 힘들지 생각하니 선생님도 마음이 아플 지경이에요. 게다가 짓궂은 아이들은 대놓고 놀리거나
심한 장난을 치기도 하지요. 그 아이들은 당하는 사람이 얼마나 괴로운 일인지 모르고 있습니다. 자
신의 행동이 참 나쁜 행동이란 걸 언젠가 직접 당해봐야 알 거예요. 일단 같이 놀 친구들이 없을 때는 나 자신
이 스스로의 친구가 되어야 해요. 실망하지도 말고, 빨리 친구를 만들려고 조급해 하지도 마세요. 조급하게 서두
르다 보면 매력이 없어지고 실수를 하기 쉬워요. 그냥 친구가 없어도 된다는 마음으로 당당하게 지내세요. 내가
괜찮은 사람이라면 언젠가는 나를 좋아하는 사람이 생길 거라고 꼭 믿어야 해요. 쉬는 시간에는 자기가 좋아하
는 것을 하세요. 만화를 그려 봐도 되고, 종이접기도 좋고, 책을 읽어도 돼요. 대신 관심을 갖고 다가오는 친구가
있다면 친절하게 대하세요. 종이접기로 완성한 것을 주어도 되고, 같이 만화에 대해 이야기를 해도 좋아요. 서로
말이 통하고 유림 양과 노는 것이 재미나다면 그 친구는 계속 유림 양과 놀려고 할 거예요. 하지만 유림 양에게
다가가는 친구에게 안 좋은 말을 하는 아이들도 있을 거예요. 그래서 다가온 친구가 또 멀어진다고 해도 너무
실망하지 마세요. 험담을 하는 친구와 다툴 필요도 없어요. 자기를 좋아하고 자기를 잘 가꾸다 보면 분명 친구
는 또 생깁니다. 다투면 오히려 싸움쟁이, 성격 나쁜 사람이 되고 말아요. 학창 시절에 친구가 없었지만 나중에
인기를 끈 유명한 사람들도 많답니다. 친구가 없어서 오히려 자기 자신을 더 많이 들여다보고, 자기를 더 많이
개발할 수 있었다고 해요. 보물은 숨겨져 있어도 결국 누군가 알아봅니다. 자기를 보물로 가꿔가세요. 정말 유림
양은 그 자체로 보물이에요. 자기 자신을 믿고 더 사랑하는 마음 잊지 마세요. 유림 양, 파이팅!

마음속
용기를 내어
스마일~!

★ **응모방법** : 애독자엽서 ★ **응모기간** : 수시 접수 ★ **발표** : 〈코믹 메이플스토리 51권〉
〈2012년 4월 20일 출간 예정〉 ★ **선물** : 서정은 & 송도수 작가님이 직접 사인한
〈스터디플래너〉(1명) ★ **배송일** : 2012년 4월 10일까지

 서천석 원장님께서는 서울대학교 의과대학 및 대학원을 졸업하시고, 서울대학교병원 신경정신과
전문의 과정을 수료하신 후 현재 〈서울신경정신과〉에 계십니다.